U0491075

岁时谣

梁树庭 编著

粤韵漫绘岭南风

SPM 南方出版传媒
全国优秀出版社　全国百佳图书出版单位　广东教育出版社
·广州·

图书在版编目（CIP）数据

岁时谣 / 梁树庭编著. —广州：广东教育出版社，2019.5
（粤韵漫绘岭南风）
ISBN 978-7-5548-2549-5

Ⅰ.①岁… Ⅱ.①梁… Ⅲ.①风俗习惯—广东—通俗读物 Ⅳ.①K892.465-49

中国版本图书馆CIP数据核字（2018）第212690号

项目策划：靳淑敏
责任编辑：尚于力
责任技编：杨启承
装帧设计：邓君豪

岁 时 谣
SUISHI YAO

广东教育出版社出版发行
（广州市环市东路472号12-15楼）
邮政编码：510075
网址：http://www.gjs.cn
广东新华发行集团股份有限公司经销
广州市岭美彩印有限公司印刷
（广州市荔湾区花地大道南海南工商贸易区A幢）
889毫米×1194毫米 24开本 3印张 75 000字
2019年5月第1版 2019年5月第1次印刷
ISBN 978-7-5548-2549-5
定价：39.80元

质量监督电话：020-87613102 邮箱：gjs-quality@nfcb.com.cn
购书咨询电话：020-87615809

读歌谣,赏漫画,品民俗。

在这里,读懂岭南。

序一
岭南的细节

这是一套关于岭南的细节的书。

岭南有着许多不同的面目。当岭南作为地理概念出现时，它宏大壮阔，在五岭和南海之间伸展，范围之广阔大大超出我们固有的印象；当岭南作为文化意象出现时，它生猛活跃，在传统与现代之间穿梭，带给我们一个又一个惊艳的身影；当岭南作为一种生活方式出现时，它呈现的是丰富的细节，而每一个细节都值得我们去品味和把玩。

这些细节，是由生活在岭南的人们创造出来的，所以我们按照岭南三大民系，把内容分为"潮州""广府""客家"三部分；又因为岭南人的生活讲究顺应天时，所以我们还有"岁时"一册，用来说明在岭南这个四季并不分明的地方，人们是怎样活出自己的季节来的。

岭南人虽主要分为三大民系，大家在传统方面都各有坚持，但实际上也是同气连枝，有颇多相通之处。以吃为例，潮汕有"工夫茶"和"潮州粿"，广府有"饮早茶"和"九大簋"，客家则有"酿豆腐"和"炸油糍"，虽然食物品种不尽相同，但就地取材的原则和精研烹调之法的追求是相通的。除此之外，还有年节拜祭、传统手艺、日常习惯等方面，在作者描绘的画面里，岭南各地之间其实并不那么壁垒分明，即使确有差别，岭南人之间也特别容易取得共识，相互理解。正是在这种种不同之间，隐约蕴含着一条神奇的纽带，维系起岭南这片土地。

在这套书里，岭南日常生活的平凡日子，被浓缩成诗句、韵文；生活在岭南的人们，被勾勒出趣致的动作、神态。在这里，我们看到了岭南的细节。透过一幅幅诙谐有趣的画面，来体会岭南的细节，也许，这本身就是一件很"岭南"的事。

王亮　广府文化研究者／广东教育出版社副编审

序二
漫出精彩

　　梁树庭是我熟悉的画家，他举办的几个展览和出版的书籍我都看过，看后都有一种淋漓畅快的感觉，他的写法画法很有个性，特别是他作歌谣、配漫画、写书法，用水墨的手法创作漫画，这对广东漫画界来说是一个新的收获。他的漫画或针砭时弊，激浊扬清，或谐趣幽默，扶正祛邪，都取得了不少成绩。他早年举办的"粤韵新唱——梁树庭、马洁群百首粤语歌谣漫画展"是一次很有地方特色的漫画展，是近年广东漫画界的盛事。它记录广州的过去和现在，给人们留下了美好的回忆，是一个大受欢迎的展览。

　　几年过去了，梁树庭的歌谣漫画从广府题材画到岭南题材，内容更丰富了，看到了广东教育出版社出版的"粤韵漫绘岭南风"丛书，我感到由衷的高兴。传承发扬优秀的岭南文化是一件很有意义的事情，这次的作品他用水墨的手法，是值得肯定和发扬的。丛书包含《岁时谣》《广府风》《客家颂》《潮州韵》，书名精彩，内容简练而有深度，图文并茂，对初次了解岭南文化的读者是大有裨益的。读读歌谣，赏赏漫画，看看民俗，不知不觉中受到岭南文化的熏陶，真是件乐事。

　　看书中的《上茶楼》，画广州一家子茶楼相聚，点上河鲜，梁树庭用夸张的手法，画服务员单手托盘，盘中鱼比人大，众人哗然。热气腾腾的清蒸鱼上台，配上"一盅两件话当年，而今觉得唔够坚。朝晏打的去南国，急呼伙计上河鲜"的歌谣，谐趣幽默，生动地表现出了时代变化中的广府人，由过去简单的"一盅两件"到现在富足的急上河鲜的品茶姿态，十分"盏鬼"。再看《凉帽美》的太阳和《赛大猪》的大猪，都是运用了拟人化的画法。太阳会伸出大拇指夸客家娘手艺巧,能做出流传几百年可遮阳散热的凉帽,挥帽田间很动人。《赛大猪》中的大猪被评为头名时,高兴得举起胜利的手势,猪肥人壮趣怪得很。漫画的这种手法使得客家和潮汕的民俗风情多了一重喜感。丛书里面的作品简约的画法和绚丽的用色交叉搭配,视觉上有节奏感,读得舒服。《岁时谣》侧重写实画法,画出广东节气特点,也能"漫"在其中,隐约可见他对传统花鸟、山水试运用漫画画法,这种创作特色和手法值得推介。

  漫画是一门综合艺术,从原始绘画至文人绘画、民间绘画皆有之,配上诗词的漫作,总是使人眼前一亮。最近国内很多漫画家在探索水墨的表现方式,成果不少,这里面也有广东漫画人的努力,梁树庭就是其中的一位。在大力倡导传承发展优秀传统文化的新时期,我期待广东漫画人初心不变,努力向前,为广东乃至全国的漫画发展,作出更大的贡献。

    江沛扬 中国美术家协会会员/广东省美协漫画艺委会前主任/广东漫画学会前会长

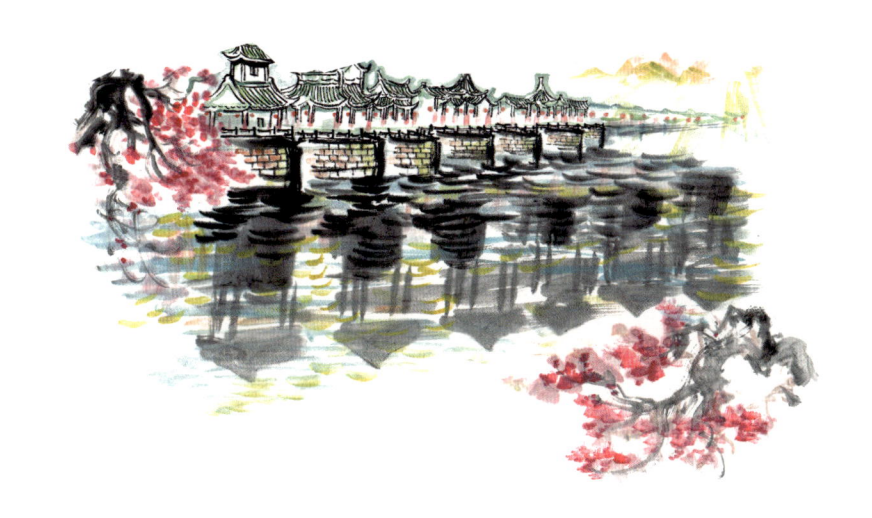

冬

大寒	小寒	冬至	大雪	小雪	立冬
54	52	50	48	46	44

秋

霜降	寒露	秋分	白露	处暑	立秋
40	38	36	34	32	30

附录 "粤韵漫绘岭南风"丛书民俗文化索引 56

后记

目 录

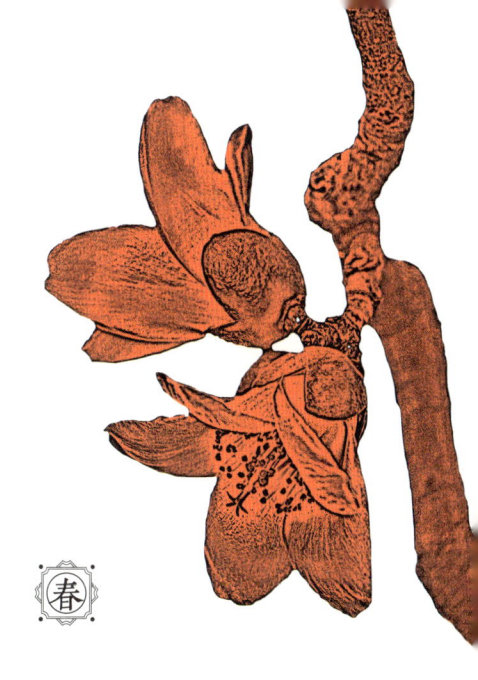

春

谷	清	春	惊	雨	立
雨	明	分	蛰	水	春
12	10	08	06	04	02

夏

大	小	夏	芒	小	立
暑	暑	至	种	满	夏
26	24	22	20	18	16

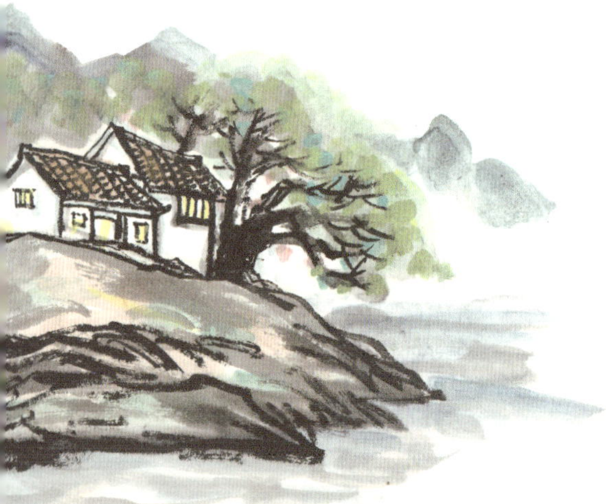

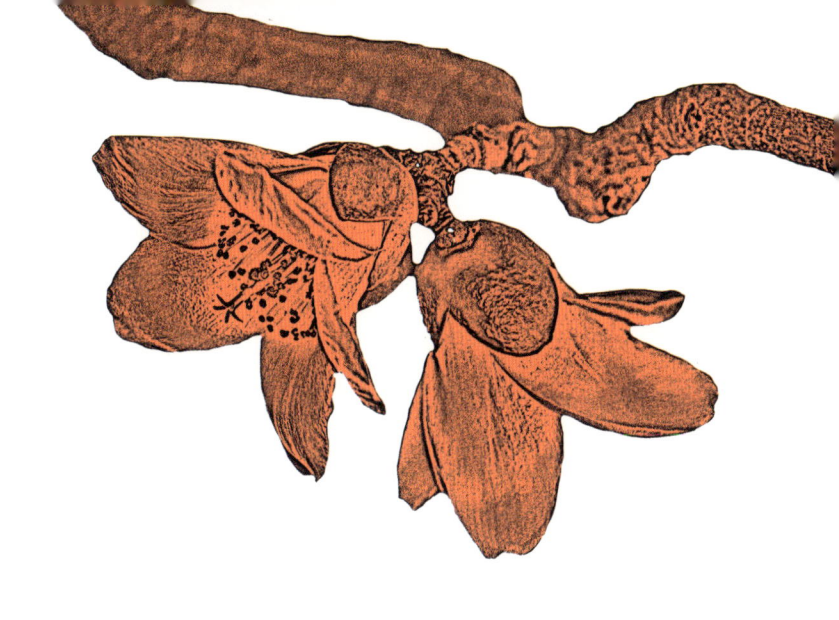

春

粤韵漫绘岭南风

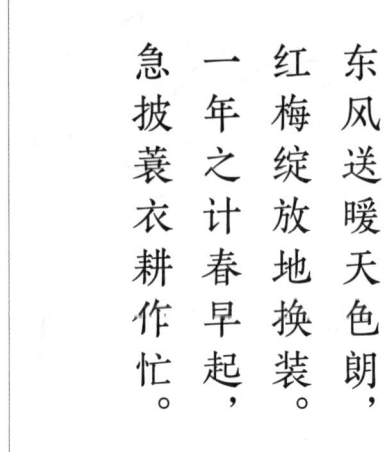

岁时谣

立春

东风送暖天色朗,
红梅绽放地换装。
一年之计春早起,
急披蓑衣耕作忙。

说明：本书图中文字因艺术创作需要，部分使用繁体字，此处均以简化字呈现，便于读者阅读。

民俗文化

迎春牛 岭南民俗根植于中原，故保留了一些中原地区的传统，鞭春牛就是一项。迎春牛在立春日举行，又叫鞭春牛、打春牛，是由土牛和从事农事之人表演，以催劝农桑，祈求六畜兴旺、五谷丰登。它是春耕伊始的标志。

立春

東風送暖
天色朗
紅梅綻放
地換裝
一年之計春早起
急披簑衣
忙耕作

丁酉春日
梁樹庭

雨水

淅淅沥沥降春雨，
田间农夫喜有余。
禾苗得水拔地长，
乐坏捞虾一小儿。

民俗文化

补天穿 雨水节气之后，雨水渐丰，对农业来说，雨水正是春耕备耕的关键时期。在这时期（一般在农历正月十九至正月二十三，广东各地有"补天穿"的习俗）。古代历书上说，是日"天一生水"，应节则下雨，故谓之"天穿"。正月十九也是传说中女娲补天之日，为了纪念此日，故将此日定为"天穿节"。这一天，广州居民在大门两旁挂起蒜菜，然后用糯米粉煎薄饼，置于露天祭拜上苍后，又将部分薄饼扔到屋顶，剩余的家人聚而食之，谓之"补天"。

雨水

淅淅瀝瀝
降春雨
田間農夫
喜有余
禾苗得水
拔地長
樂壞撈蝦
一小兒
丁酉春日 梁樹庭

惊蛰

平地一声响春雷，
万物惊骇天鼓捶。
蛙虫齐鸣播声远，
老牛哞叫乐相随。

民俗文化

炒惊蛰 惊蛰一声春雷，田家的清闲日子到了头，春耕开始了。惊蛰时广东客家地区会有一项活动，叫"炒惊蛰"，又叫"炒虫"。"炒虫"是为了确保五谷丰登。所谓"炒虫"，其实是炒谷物，以谷代虫。被炒的谷物有稻谷、玉米、高粱、小麦、绿豆等，有些地方还炒花生、大米、红薯干等，统称为"炒虫"。吃炒好的谷物叫"吃炒虫"。

驚蟄

平地一聲
響春雷
萬物驚駭
天鼓摧
蛙虫齊鳴
播聲遠
老牛哞叫
樂相隨
二十四節氣
梁樹庭

春

07

春分

春来祭日秋祭月,
难得春分好时节。
踏青争携风筝去,
一线牵来万千蝶。

民俗文化

做春分 广东梅州兴宁一带有"做春分"的习俗。春分这一天,富裕人家会置办三牲敬神,一般的人家就打糍粑,然后他们还会备上酿豆腐等菜肴宴请亲朋好友。

春分

春來祭日
秋祭月
難得春分
好時節
踏青爭攜
風箏去
一線牽來
萬千蝶
二十四節氣
梁樹庭

清明

清明阴雨骤转晴,
山涧牵牛多男丁。
弯曲小道盘山去,
烟火缭绕禀心声。

民俗文化

拜山 广东地区清明扫墓(俗称"拜山")风气很盛,拜祭仪式也颇为讲究。每到清明节,成千上万的人前往墓地拜祭,不少海外、港澳同胞也远道而来,回乡拜祭祖先,希望得到祖先的保佑。

清明

清明陰雨
驟轉晴
山澗牽牛
多男丁
弯曲小道
盤山去
煙火繚繞
稟心聲
二十四節氣
梁楷庭

春

谷雨

低头面见镜中天,
细雨蒙蒙好插田。
春苗最解农夫意,
尽展绿姿张笑脸。

民俗文化

莳田客 客家人非常勤劳,又是以农耕为立身之本,谷雨前后,正是客家人繁忙的"莳田"(插秧)时节。客家人相互协作的意识非常强,往往到了农忙时节,多以集体劳动方式互帮互助完成早稻的栽种,因此形成独特的"莳田客"。该民俗活动还包括送莳田饭、请莳田酒、唱莳田歌等内容。

穀雨

低頭面見
鏡中天
細雨濛濛
好插田
春苗最解
農夫意
盡展綠姿
張笑臉
二十四節氣 梁樹庭

夏

立夏

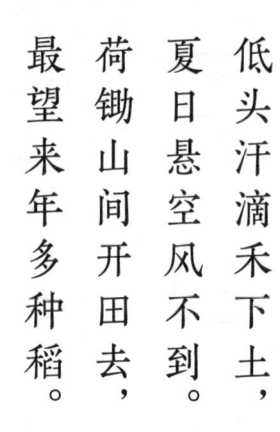

低头汗滴禾下土,
夏日悬空风不到。
荷锄山间开田去,
最望来年多种稻。

民俗文化

补夏 广东地区清明时节雨水多,农民种下的秧苗或有烂根,因此,广东农民会赶在清明后、立夏前补种秧苗。俗话说:"立夏吃了蛋,热天不疰夏。"立夏吃蛋,俗称"补夏",能预防暑天常见的食欲不振、身倦肢软、消瘦等苦夏症状。

立夏

低頭汗滴禾下土
夏日懸空風不到
荷鋤山間開田去
最望來年多種稻

二十四節氣
梁樹庭

粤韵漫绘岭南风

岁时谣

小满

月上树梢小满至，
喜见稻花结穗子。
一季汗珠赛珍珠，
落肥就望收割时。

民俗文化

祭车神 每到小满时节，夏熟作物的籽粒开始灌浆饱满。普宁客家人古时有一种习俗，用水车载水灌溉。传说有水车神。祭水车神时人们有的在水车边摆鱼肉、香烛等物品祭拜；有的在祭品中放一杯白水，祭拜时将白水泼入田中，有祝福水旺粮丰的意思。

小滿

月上樹梢
小滿至
喜見稻花
結穗子
一季汗珠
賽珍珠
落肥就望
收割時
二十四節氣
梁枝庭

粤韵漫绘岭南风

岁时谣

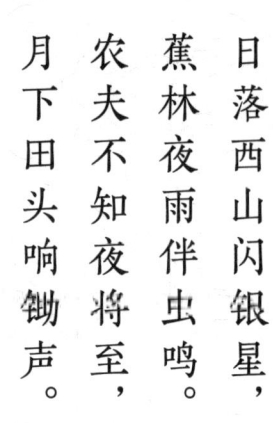

芒种

日落西山闪银星，
蕉林夜雨伴虫鸣。
农夫不知夜将至，
月下田头响锄声。

民俗文化

芒种节 芒种节在农历四月下旬或五月上旬的"芒种日"。以前，潮汕农村芒种时节螟虫（螟虫俗称"早田蜴"）十分猖獗，稻谷遭受其危害十分严重。因此，农民们为了祈求早稻不受螟害，于"芒种日"带上小三牲及红角桃等粿品到田头敬拜"蜴神"。

芒種
日落西山
閃銀星
蕉林夜雨
伴蟲鳴
農夫不知
夜將至
月下田頭
響鋤聲
二十四節氣
梁樹庚

夏至

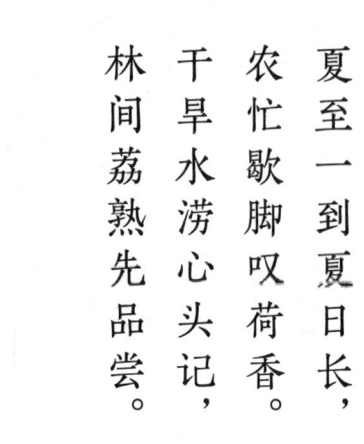

夏至一到夏日长，
农忙歇脚叹荷香。
干旱水涝心头记，
林间荔熟先品尝。

民俗文化

开镰节 广东阳江一带，以夏收开镰割禾前一天为开镰节，一般在夏至前后，当天家家做面饼、茶，备酒，晚上举行对歌活动，祈求来年风调雨顺、五谷丰登。

夏至

夏至一到
夏日長
農忙歇腳
嘆荷香
午旱水澇
心頭記
林間荔熟
先品嘗
二十四節氣

梁樹庭

小暑

稻谷上仓喜有余，
难顶酷热大小暑。
辛苦揾◎来自在食，
家中有米也懒煮。

◎揾：找。

民俗文化

食新　六月小暑正是割早田的时候，客家人有个传统节令习俗——食新。"食新"就是尝新米，多于小暑之后进行。乡下的做法是将新割的稻谷碾舂成米，做饭敬祀五谷神和祖先，之后众人一起尝新酒。而城市里的客家人一般都是买少量的新米混同老米煮饭，加上新上市的蔬菜一起敬神、进食。

小暑

稻穀上倉
喜有餘
難頂酷热
大小暑
辛苦搵来
自在食
家中有米
也懶煮
二十四節氣
梁枸庭

粤韵漫绘岭南风

岁时谣

大暑

烈日当空似火烧,
夏收夏种好心焦。
有米落锅来不易,
稻花结子汗水浇。

民俗文化

吃仙草 大暑是一年中最热的时节,广东很多地方在大暑时节有"吃仙草"的习俗。仙草又名凉粉草、仙人草,是重要的药食两用植物资源。由于其神奇的消暑功效,被誉为"仙草"。不同地方仙草的叫法不同,广州叫凉粉,潮汕叫草粿,客家叫仙人粄。粤东南地区就流传着一句谚语:六月大暑吃仙草,活如神仙不会老。

大暑
烈日當空
似火燒
夏收夏種
好心焦
有米落鍋
來不易
稻花結子
汗水澆
二十四節氣
梁樹庭

秋

立秋

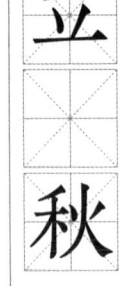

酷热隐去起秋风,
瓜果熟时香味浓。
深耕细作地出宝,
收获季节百物丰。

民俗文化

做秋 立秋的时候,许多地方有"做秋"的习俗,即过"立秋节"。"秋"在客家方言中有"就""完"的意思。此时夏收夏种结束,农民认为农事做秋(完)了,有空闲备办三牲酬神敬祖(春天许了福的,这时要"完福",即还愿),并借此机会与亲朋好友聚会。

立秋

酷热隐去
起秋风
瓜果熟时
香味浓
深耕细作
地出宝
收获季节
百物丰

二十四节气
梁树庭

秋

粤韵漫绘岭南风

岁时谣

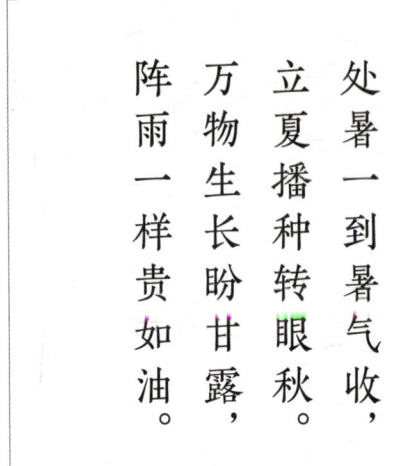

处暑

处暑一到暑气收，
立夏播种转眼秋。
万物生长盼甘露，
阵雨一样贵如油。

民俗文化

处暑节 立秋、处暑，是庆祝丰收的时候。在梅州雁洋镇一带的村落，有特别热闹的处暑节。这里的处暑节最大的特点是一不请神送鬼，二不祈祷拜祭，是一个纯粹的民众欢乐节。处暑节前两三天，农家便开始忙碌，准备各种食品，在节日当天与亲朋一起享用。

處暑

處暑一到
暑氣收
立夏播種
轉眼秋
萬物生長
盼甘露
陣雨一樣
貴如油
二十四節氣
梁樹庭

白露

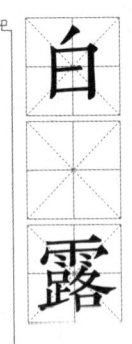

常道天凉好过秋,
曾记暑天汗水流。
阳光远去草木冷,
水汽成珠叶上留。

民俗文化

白露茶 "春茶苦,夏茶涩,要好喝,秋白露。"在广东梅州,"白露茶"备受青睐。自白露开始至10月中旬是茶树生长佳期,天气渐凉,夜间水汽在茶树上凝结成露,此时采摘的"白露茶"有一种独特的甘醇清香味。

白露

常道天涼
好過秋
曾記暑天
汗水流
陽光遠去
草木冷
水汽成珠
葉上留
二十四節氣
梁樹庭

秋分

秋高气爽风浩荡,
登山下田落池塘。
摘得野苋归家去,
唤娘声声煲秋汤。

民俗文化

吃秋菜 在岭南地区，昔日流行秋分吃秋菜，是秋天滋补养生的一种方式。秋菜是一种野苋菜，乡人称之为"秋碧蒿"。每逢秋分日，全村人都去采摘秋菜。采回的秋菜一般与鱼片一起在开水中煮，名曰"秋汤"。有顺口溜道："秋汤灌脏，洗涤肝肠。阖家老少，平安健康。"

秋分

秋高氣爽
風浩蕩
登山下田
落池池塘
摘得野莧
歸家去
喚娘聲聲
煲秋湯
二十四節氣

梁樹庭

秋

粤韵漫绘岭南风

岁时谣

寒露

秋高气爽雁鸣空，
日暖夜寒确不同。
遥望枫树未知冷，
顶风红叶露笑容。

民俗文化

重阳登高放纸鹞　在广东一带，寒露时人们会明显感觉到季节的变化。农历九月初九重阳节通常都在寒露前后，民间以重阳节为"转运日"，当天男女老幼成群结队去登高。广州人叫风筝为"纸鹞"，人们登高时带着纸鹞，在纸鹞上写"一生不幸事，此日尽消除"等字句，待纸鹞高飞后扯断线，让它远去，意思是让"衰运"远去，让"好运"到来。

寒露

秋高氣爽
雁鳴空
日暖夜寒
確不同
遙望楓樹
頂風紅葉
露笑容
二十四節氣
梁樹庭

霜降

冷若冰霜冰霜冷,
日起严寒家犬闲。
难得阳光村头照,
挑谷担稻晒穗还。

民俗文化

送芋鬼 广东高明一带,霜降前有"送芋鬼"的习俗。当地小孩以瓦片垒梵塔,在塔里放柴点燃,待到瓦片烧红后,毁塔以煨芋,叫作"打芋煲",随后将瓦片丢至村外,称作"送芋鬼",以辟除不祥。

霜降

冷若冰霜
冰霜冷
日起嚴寒
家犬閑
難得陽光
村頭照
挑穀擔稻
曬穗還

二十四節氣
梁樹庭

冬

粤韵漫绘岭南风

岁时谣

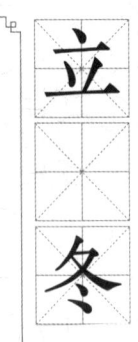

立冬

寒天息耕免操劳,
冬来养生亦宜早。
呼朋摘菜买羊肉,
屋前树下打边炉。

民俗文化

打边炉 "立冬补冬"是民间数千年的习俗,广东人称吃火锅为打边炉。一到立冬,广东人就会结伴去打边炉吃羊肉,热热闹闹地开怀大吃;而立冬后,有不少人会把珍藏的高丽参、鹿茸找出来准备进补。广东人重汤底,因此,粤式的打边炉自然也以好的高汤为底,加上各式海鲜、山珍入味,蘸料以沙茶酱为主。

立冬
寒天息耕
免操勞
冬來養生
亦宜早
呼朋摘菜
買羊肉
屋前樹下
打邊爐
二十四節氣
梁樹庭

小雪

风卷寒流北方来，
晨推大门素花开。
秋艳黄菊今变面，
霜雪扑窗袭楼台。

民俗文化

糍粑碌碌烧　客家人有句俗语"十月朝，糍粑碌碌烧"。糍粑，用糯米蒸熟捣烂后所制成的一种食品。这里"碌碌烧"是非常形象的客家语言，意思指用筷子卷起糯米粉团，像车辘那样四周滚动粘上芝麻、花生、糖等；"烧"，即热气腾腾。农历十月初一这一天往往在立冬节气后，小雪节气前，这个时候意味着冬天来临，要准备御寒的衣物和食物。而白嫩嫩、圆滚滚、软绵绵、热呼呼的糍粑，如同冬天的白日，给人温暖。

小雪

風卷寒流
北方來
晨推大門
素花開
秋艷黃菊
今變面
霜雪撲窗
襲樓臺
二十四節氣
梁樹庭

冬

47

大雪

粤冬骤冷霜满枝,
屋前翠竹披白衣。
推门常遇寒风到,
攀山书童步迟迟。

民俗文化

耍歌堂 大雪节气时,广东大部分地区处于无冬区,只有北部和山区等地有降雪。大雪节气通常是在农历的十月十六前后,此时正是粤北山区西北部的清远市连南瑶族自治县(我国唯一排瑶聚居地。连南瑶族分为排瑶和过山瑶,排瑶的瑶民习惯聚族而居,依山建房,其房屋排排相叠,形成山寨,所以被称为"排瑶";过山瑶则因为其祖先以耕山为主,迁徙无常,因"食尽一山过一山"而得名。)的瑶族民众举行"耍歌堂"这项大型文化活动的时候。耍歌堂是连南排瑶最盛大的一个节日,距今已有600多年的历史。是日,连南排瑶汇聚一堂,祭祀祖先,庆祝丰收,赛歌娱乐。耍歌堂已被列入国家级非物质文化遗产名录。

大雪

粵冬驟冷
霜滿枝
屋前翠竹披白衣
推門常遇寒風到
攀山書童步遲遲

二十四節氣　梁樹庭

冬

粤韵漫绘岭南风

岁时谣

冬至

数九寒冬日短长,
御冷妙品小黄姜。
最暖一家团团坐,
麻蓉汤圆争品尝。

民俗文化

冬至大过年　在广东有句话叫"冬至大过年""肥冬瘦年",即过冬比过年还要丰盛。冬至那天,广东不少宗族要到宗祠祭拜祖先,一般家庭也要准备一顿丰盛的晚餐,庆祝一番。很多家庭会在冬至日煮汤圆吃。

冬至
數九寒冬
日短長
禦冷妙品
小黃薑
最暖一家
團團坐
麻蓉湯圓
爭品嘗
二十四節氣
梁樹庭

粤韵漫绘岭南风

岁时谣

小寒

寒冬寒冬小寒冬,
添衣加帽防冰冻。
九九消寒点梅花,
望春南北天下同。

民俗文化

吃糯米饭 广东有"小寒大寒,无风自寒"的说法。在广州,小寒当天早上常吃糯米饭来驱寒。广式糯米饭,为避免不好消化,一般都是60%糯米和40%香米混在一起煮,把腊肉和腊肠切碎、炒熟,并将花生米炒熟,加一些碎葱白,拌在饭里面吃。

小寒

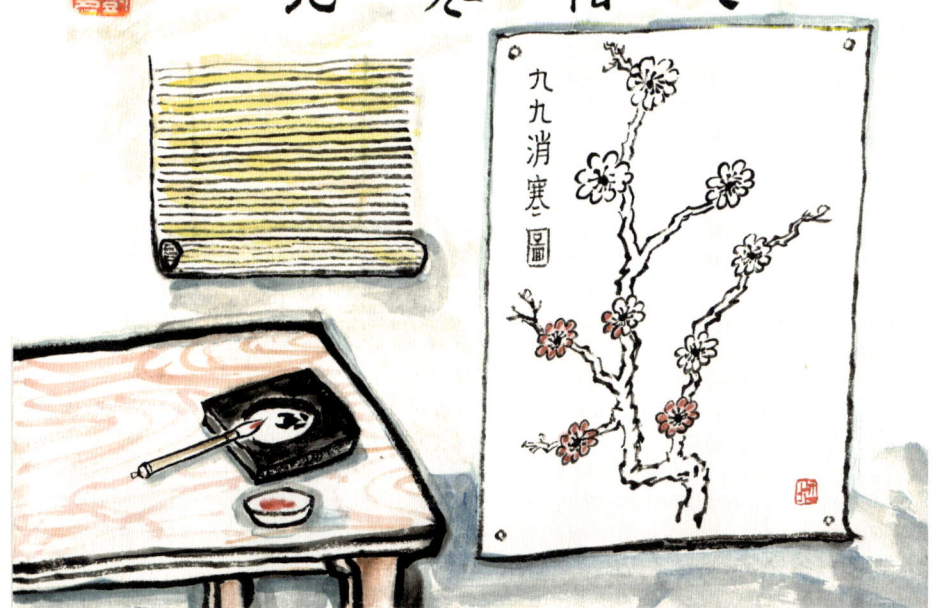

寒冬寒冬
小寒冬
添衣加帽
防冰凍
九九消寒
點梅花
望春南北
天下同
二十四節氣
梁樹庭

冬

粤韵漫绘岭南风

岁时谣

大寒

天冷袭人人不慌,
笑谈春秋冬收藏。
新年阳光照大地,
春风又绿江南岸。

民俗文化

捉田鼠 岭南地区有大寒节气联合捉田鼠的习俗。因为这时作物已收割完毕，平时看不到的田鼠窝多显露出来，大寒也成为岭南当地集中消灭田鼠的重要时机。

大寒
天冷襲人
人不慌
笑談春秋
冬收藏
新年陽光
照大地
春風又綠
江南岸
二十四節氣
梁樹庭

附录
"粤韵漫绘岭南风"丛书民俗文化索引

1. 本索引供本丛书"民俗文化"板块内容检索。
2. 条头按汉语拼音字母次序排列,首字相同的按第二个字的拼音字母次序排列,第二个字相同的,按第三个字排列,以下类推。同音字按笔画排列,笔画少的在前,多的在后。
3. 右侧字母代表本丛书的分册书名:
   C为《潮汕韵》,G为《广府风》,K为《客家颂》,S为《岁时谣》。
4. 右侧数字指所在图书的页码。

B

白露茶	S34
拜龙头	C32
拜山	S10
拜社年	K22
拜月娘	G36
胞衣迹	K04
补天穿	S04
补夏	S16

C

踩簸箕	K10
潮州厝,皇宫起	C02
潮州歌册	C40
潮州歌谣	C42
潮州粿	C12
炒惊蛰	S06
趁景、斗标	G34
吃糯米饭	S52
吃秋菜	S36
吃仙草	S26
重阳登高放纸鹞	S38
抽纱	C48
出花园	C06
处暑节	S32
糍粑碌碌烧	S46

D

| 打边炉 | S44 |
| 冬至大过年 | S50 |

G

工夫茶艺	C10
挂春纸	C30
挂葛藤	K36
广东音乐	G42
广济桥	C14
广绣	G44

H

红头船	C16

J

鸡公榄	G18
祭车神	S18
讲古	G46
醮会	K48
金漆木雕	C44
九大簋	G04

K

开库日	G32
开镰节	S22
客家柩	K12
客家凉帽	K06
客家山歌	K40

L

擂茶	K18
利是	G24
凉茶	G06

M

卖懒	G26
芒种节	S20
木屐	G16

N

娘酒	K08
酿豆腐	K14

Q

骑楼	G08
嵌瓷	C46

S

赛大猪	C28
三山国王	C52
上灯	K26
烧火塔	C34
十三行	G10
食新	S24
食圆大一岁	C36
莳田客	S12

粤韵漫绘岭南风

岁时谣

手信	G14
耍歌堂	S48
水布	C08
送大吉	C20
送穷鬼	K24
送芋鬼	S40

T
劏火麒麟	K30
堂联	K44
跳火墩	C26

W
围龙屋	K02
翁仔灯	C24
五果汤	C22
五华提线木偶	K52
五脚砌	C04
五行五方龙神伯公	K46
五羊仙	G48
舞火龙	K28
舞醒狮	G50

X
西关小姐	G12
行花街	G22

行通济桥	G30

Y
饮早茶	G02
迎春牛	S02
迎大帝	K50
游神	C50
元宵花灯	G28
月半大过年	K32
月姐歌	K42
粤剧	G40

Z
炸果糍	K16
捉田鼠	S54
醉龙舞	G52
做春分	S08
做秋	S30
做"四月八"	K34

"粤韵漫绘岭南风"丛书包括《岁时谣》《广府风》《客家颂》《潮汕韵》四本。

丛书以富有传统国画特色的水墨漫画，配以独特书法书写的朗朗上口的歌谣，邀读者放慢匆忙的脚步，品鉴水墨漫画、岭南歌谣的独特质感，用全新的视角去感受、认识岭南传统文化。

《岁时谣》

二十四幅漫画，二十四首歌谣，描绘出岭南人独具特色的节气文化。在这里，你可以深深品味在二十四节气的周而复始中，岭南人是如何顺应天时，在岭南这个四季本不分明的地方，活出自己的季节！

《广府风》

二十四幅漫画，二十四首歌谣，引领你走近最能代表岭南文化的广府民俗文化。广府文化经过中原文化哺育，传袭着百越古族遗风，又闪烁着中西文化撞击的火花，开放、务实，又创新兼容。

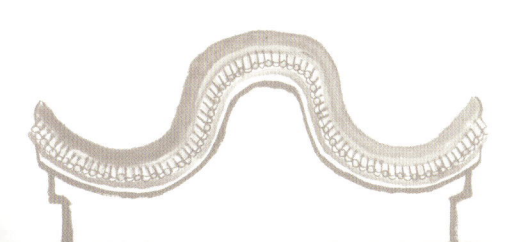

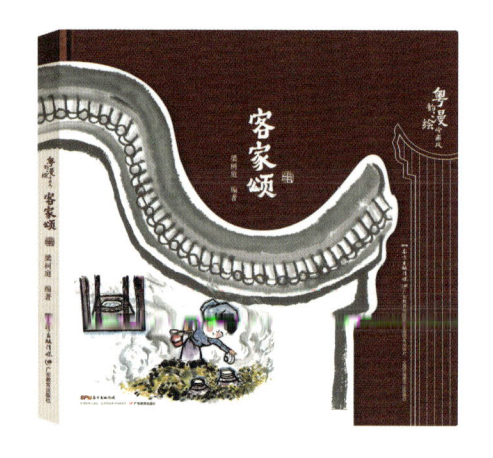

粤韵漫绘岭南风
岁时谣

《客家颂》
　　二十四幅漫画，二十四首歌谣，引领你走近最能反映岭南文化与中原文化交融生长的客家民俗文化。在这里你可以品味客家人崇文尚简、民风淳朴、不求奢华的品格，感受客家人浓厚的乡土情结，强烈的祖先崇拜和深沉凝重的历史意识。

《潮汕韵》
　　二十四幅漫画，二十四首歌谣，引领你走近潮汕民俗文化。在这里，你可以感受到背山靠海的潮汕人与中原人在生活和生产方式上的差异，可以明晓缘何他们宗族观念强，缘何他们勇于冒险和开拓，并精巧灵活，富有竞争意识。

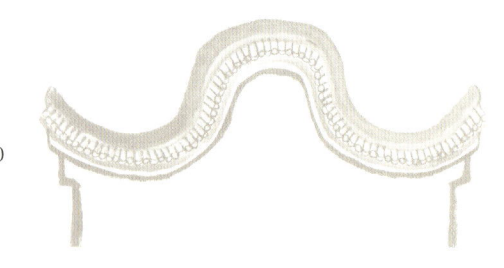

后　记

现在是收获的时候，喜悦中与大家见面的"粤韵漫绘岭南风"丛书，便是收获的成果。

成果的种子在2017年春季种下，那时我在广东省立中山图书馆办了一期"粤韵漫记岭南风"歌谣漫画展，观者众，得留言七八本，记录了观众的深切鼓励；报纸、电视台、电台的记者等也不断采访报道，对画展给予了高度的评价。我的创作能得到各界人士的鼓励和社会的认同，是给我最好的奖励。展览期间，刚好广东教育出版社的几位编辑也来观展，相谈中便有了以此出版一套书的构想，然后编者、作者一路想想想，跑跑跑，写写写，画画画，编编编，改改改，这套丛书由此而生。这套丛书名叫"粤韵漫绘岭南风"，将展览"粤韵漫记岭南风"的"记"字改成"绘"字，一字之改更多了些画意，并有连续性，展览与书籍就像姐妹篇，相映成趣，很好！

这套丛书，从岭南文化中选材，就像讲自家的故事，总有一种亲切感。岭南人家祖祖辈辈是如何过来的，如何生活的，如何在天地间面对艰辛活得精彩活出文化的，我总想用

粤韵漫绘岭南风

岁时谣

手中的笔，记录心中的歌，绘出心里的画。从大家观展的反应中我发现，歌谣配漫画并以水墨的表现手法很适合这个读图时代，顺口押韵的歌谣，幽默谐趣的漫画，以诗书画印植入漫画中，相映成趣。在岭南各地有不少形式各异的风俗，所谓"十里不同风，百里不同俗"，我这样通过画面、歌谣去表达，就很容易引起大家的兴趣去探究，在这个过程中读者就会了解岭南文化、感知岭南文化、热爱岭南文化，从而对我们身处的地方产生更多的认同感，这是我一直坚持创作的原因。

  在这里得感谢广东教育出版社的编辑助丛书出版，使图文出彩，助力岭南文化的挖掘与传播；感谢漫画界老前辈著名漫画家江沛扬先生为此书写序，推动广东漫画及文化事业，给后辈期望与鼓励；感谢妻子马洁群女士，长期以来给我的创作翻书捡画、正图正字，使创作得以成事；感谢读者、媒体和各文化单位一直支持和不断鼓励，让我在创新的绘画道路上一直走下去。

  歌谣助传唱，漫画现精华。愿岭南文化之树根深叶茂，岁月常青！

梁树庭

2019 年 4 月